DESCRIPTION

DU

NOUVEAU THÉATRE ITALIEN,

PAR UN VIEL AMATEUR.

PRIX : 1 FR.

SE VEND AU THÉATRE ROYAL ITALIEN.

1825.

C. BALLARD, IMPRIMEUR DU ROI,
Rue J.-J. Rousseau, n°. 8.

Tous les hommes éprouvent involontairement l'impression des beaux-arts; mais tous ne se rendent pas compte des causes qui la produisent.

Faire l'analyse de ces causes, c'est-à-dire, examiner un ouvrage de l'art dans son ensemble, dans ses détails, dans les rapports du tout avec les parties et des parties entre elles, c'est épargner au public un travail, et lui procurer le plaisir de s'expliquer ce qu'il a senti.

C'est aussi servir l'art que de mettre en lumière les intentions d'un artiste; car c'est donner les moyens de faire mieux apprécier une belle chose.

Tel est l'objet de cet écrit.

DESCRIPTION

DU

NOUVEAU THÉATRE ITALIEN.

Des motifs de haute convenance devaient faire abandonner la salle de la rue de Louvois, naguère occupée par l'Opéra Italien. Un rendez-vous de plaisir public ne pouvait rester dans le voisinage d'une place à laquelle s'attacheront éternellement des souvenirs de deuil, et qui sera bientôt consacrée par un monument funèbre. D'un autre côté, quoique la salle Louvois fût jolie et agréable en elle-même, la petitesse du local, le manque absolu de débouchés, l'inconvénient d'une seule entrée, le défaut d'abri à l'extérieur, les dangers d'une construction presque toute en bois, de toutes parts attenante à des habitations privées, réclamaient la translation de ce théâtre dans un autre lieu. Il était naturel de jeter les yeux sur la salle Favart, puisque l'impossibilité d'en tirer parti n'était pas démontrée. Une restauration bien entendue pouvait au contraire lui donner un éclat durable, l'approprier pour toujours à sa destination, et la rendre digne de la faveur que les nombreux amis de l'art musical accordent à ce spectacle.

Les données auxquelles doit satisfaire un théâtre, dans ses rapports avec nos besoins, sont si multipliées et si minutieuses, qu'il est bien difficile à l'artiste de s'élever, d'après un tel programme, à une conception vraiment grande; la complication du problême semble s'y opposer. Les anciens, toujours nos maîtres dans l'application des arts aux usages de la vie sociale, s'étaient arrêtés à une solution simple. L'enceinte de leur théâtre offrait une suite de gradins en hémicycle, couronnés d'un portique; la scène occupait le diamètre de l'hémicycle, et la place des acteurs correspondait à peu près au centre. Ainsi, pendant la représentation, les assistans voyaient et entendaient le mieux possible, dans un espace immense, et après la représentation, de vastes issues, pratiquées sous les gradins, vomissaient au dehors, sans embarras et sans foule, tout un peuple de spectateurs.

Les restes des théâtres antiques sont nombreux en Italie, en Sicile et en Grèce; plusieurs de ces monumens ont même conservé dans leurs ruines l'aspect de leur ancienne grandeur. Comment se fait-il que les architectes modernes n'aient pas cherché leurs inspirations dans les vestiges de ces théâtres, plutôt que dans les débris des temples? La convenance seule leur indiquait la source où il fallait puiser, et l'on doit d'autant plus s'étonner d'un choix contraire à cette loi éternelle, que les deux premiers grands théâtres élevés en Italie, depuis la renaissance, l'un à Vicence, sur les dessins de Palladio, l'autre à Parme, sur ceux de Vignole, encore aujourd'hui les deux théâtres les plus admirés dans cette patrie des arts, reproduisent entièrement le système des anciens. C'est l'enceinte du théâtre antique, transformée en un lieu clos. Si, pour un genre d'édifice auquel notre civilisation donne tant d'importance, on s'était davantage attaché aux types primitifs, les arts auraient en ce point communiqué une empreinte d'antiquité aux mœurs modernes, et nos salles de spectacle auraient pu recevoir du génie un caractère monumental. La salle Favart était peut-être celle de Paris qui avait le moins ce caractère, avec le plus de prétention à paraître l'avoir.

On sait que ce théâtre forme une masse isolée, qui a pour limites une petite place carrée, deux rues latérales et le boulevard. La façade antérieure, du côté de la place, est un porche d'ordre ionique, composé de huit colonnes, dont six en avant sur une même ligne, et les deux autres en retour, engagées dans le mur. Ces colonnes soutiennent un entablement surmonté d'un attique : la façade postérieure n'appartient plus au théâtre. C'est une maison particulière adossée à la salle, mais qui s'y rattache par un même système de percées, consistant en baies carrées au rez-de-chaussée et en arcades au premier étage.

Cette salle fut construite en 1783, sur le terrain de l'hôtel Choiseul, pour recevoir l'Opéra-Comique, établi auparavant dans la rue Mauconseil. M. Heurtier, inspecteur-général des bâtimens du Roi, en fut l'architecte. Dès l'année suivante, M. Dewailly, l'un des architectes de l'Odéon, fut appelé à y faire de grands changemens. En 1797, M. Bienaimé y fit d'autres changemens plus considérables. A une époque plus récente, sous la direction de Mme. Catalani, MM. Peyre et David furent chargés d'une dernière restauration, qui se réduisit au renouvellement de la décoration intérieure. Soit que le temps ait manqué, ou qu'on ait été retenu par la dépense, tout ce concours d'artistes n'eut aucune influence sur les défauts originaires. C'était toujours un portique inutile, un vestibule encombré, une salle elliptique, aussi disgracieuse pour la vue que pour l'ouïe, une circulation impraticable ; c'étaient partout des escaliers sans débouchés, des corridors bas et étroits, des passages étranglés ; une seule porte principale conduisait aux premières loges, et il fallait chercher cette porte en traversant le foyer. Nulle communication directe entre les premières loges et les rangs supérieurs; les escaliers principaux conduisant seuls à ceux-ci, il fallait, pour communiquer d'un étage à l'autre, descendre un escalier et en remonter un ; il n'était pas possible de faire extérieurement le tour du parterre. L'idée des périls que pouvait occasionner le moindre accident, fait frémir. On n'avait pas même tenté de mettre le public à couvert avant l'ouverture des bureaux et pendant la distribution des billets. Tant d'inconvéniens recommandaient peu ce local. Aussi, malgré les avantages de sa situation, le théâtre Favart fut presque toujours inoccupé.

Fixée à la première fête de Charles X, la nouvelle inauguration a eu lieu sous ces auspices fortunés. Tout dans l'ancien local a changé de physionomie, et les défauts ont entièrement disparu. Une salle de la coupe la plus heureuse et la plus élégante, richement décorée, et aussi favorable pour voir que pour être vu ; un foyer d'un genre neuf et du meilleur goût ; une circulation libre par des corridors spacieux ; des communications multipliées entre les divers étages, au moyen d'escaliers commodes ; des dégagemens nombreux, des issues faciles, un accès abrité ; tel est aujourd'hui le théâtre Favart, et cette salle, si long-temps délaissée, va devenir le sanctuaire de la plus aimable des Muses.

Cette métamorphose est due aux soins de M. le vicomte de La Rochefoucault, directeur des Beaux-Arts, habilement secondé par le talent de MM. Lecointe et Hittorf, architectes du Roi. C'est la quatrième entreprise monumentale que cet administrateur et ces artistes auront conduite à fin dans le cours d'une année. Comme la salle Favart, dans son état actuel, intéressera long-temps la curiosité publique, je l'examinerai ici avec quelque détail. Cet examen peut n'être pas sans utilité pour l'art.

PORTIQUE.

Si l'on considère une salle de spectacle relativement aux idées que la vue du monument doit réveiller, on demeurera convaincu que le système de portique à colonnes, dans toute la hauteur de l'édifice, est contraire aux véritables convenances d'un tel monument. Mais depuis la renaissance de l'École française, et même à une époque assez récente encore, l'étude de l'architecture antique avait fait adopter ce système, comme décoration obligée de la façade principale, dans toute espèce de bâtiment de quelque importance. Ainsi le péristyle du théâtre italien rappela celui de Sainte-Geneviève; un palais, une prison, une barrière, un corps-de-garde, eurent le portique d'un temple; toute habitation particulière, tant soit peu recherchée, étala l'orgueil de ses colonnes, et quoiqu'en général, on soit revenu de nos jours à des principes plus sains, nous voyons encore la Bourse rivaliser par ses colonnades avec l'église de la Madeleine. Certains architectes semblent croire qu'il n'y a point d'architecture sans colonnes, comme certains versificateurs imaginent que sans épithètes pompeuses et sans rimes retentissantes, il n'y a point de poésie.

Cet abus vient sans doute de ce que parmi les débris d'édifices antiques, il s'est conservé proportionnellement plus de vestiges de temples; l'imitation fut plus entraînée par le nombre des exemples, que fidèle à la nature de chacun. On oublia que le portique appartenait aux édifices sacrés, et on en profana l'usage. Il ne faut pas croire que toute belle chose ou toute chose précieuse soit bien placée partout où elle peut être payée chèrement; ce serait donner trop d'avantages à la richesse. Une autre erreur serait de penser que, pour qu'une chose soit bonne, il suffit qu'elle plaise à la vue; ce serait borner l'impression des arts au plaisir des sens. La première condition en architecture, c'est que le monument ait un caractère. En d'autres termes, la véritable règle est la convenance, principe qui en effet sert de base au traité de Vitruve; c'est-à-dire que la décoration d'un édifice doit en indiquer l'objet au premier coup-d'œil, comme le costume désigne la personne.

Ce luxe mal entendu d'ornemens ne s'était pas introduit dans les productions du seizième siècle. L'admiration des ouvrages antiques, qui alors donna naissance à tant de nouvelles beautés, n'avait pas conduit à une imitation servile ou aveugle; on avait raisonné en imitant. Les grands artistes de cette époque cherchèrent des inspirations dans les modèles plutôt qu'ils ne les copièrent; ils s'attachèrent surtout à l'esprit de convenance, et ils imprimèrent ainsi aux reproductions de l'antiquité le cachet d'un génie original.

A l'égard du théâtre Favart, le peu d'accord entre sa décoration extérieure et sa destination n'aurait-il pas été senti par M. Heurtier lui-même ? En supprimant le fronton, l'artiste ne se serait-il pas proposé d'ôter à l'édifice le caractère d'un temple ? On serait tenté de le croire, et de sa part, ce serait déjà un aveu de la fausse application. Mais je ne crains pas de dire que le remède était pire que le mal. Du moins, avec le fronton, l'architecture eût été régulière et l'ordonnance complète. A cette inscription : *Théâtre Italien*, qu'on eût substitué celle-ci : *Temple de Thalie* ou *d'Euterpe*, et l'inauguration mythologique, en rappelant l'idée d'un culte, eût justifié le caractère de l'édifice ; car c'était indiquer un temple que de dire à quelle Muse il était consacré. Inconvénient pour inconvénient, cette dédicace franchement payenne aurait peut-être été moins choquante que la mutilation d'un monument antique. Resterait toutefois le ridicule d'un portique ambitieux, pour un temple dont la *Cella* était percée de boutiques, et dont le *Posticum* était une maison bourgeoise.

Dans le plan primitif, la façade était tournée vers le boulevard ; la salle devait s'élever sur le terrain occupé par la place actuelle et par ce hideux massif de constructions, appelé *Pâté des Italiens*. Mais les acteurs de l'Opéra-Comique furent, dit-on, scandalisés de cette disposition. L'entrée de leur théâtre, placée sur le boulevard, allait les assimiler aux comédiens de boulevard. Leur amour-propre offensé fit entendre des plaintes, qui furent accueillies.

On discuta cette grave question de point d'honneur. Ordre de retourner la salle sens-devant-derrière et de faire faire volte-face à tout l'édifice. L'arrêt d'évolution fut fatal au péristyle. Les colonnes, qui originairement regardaient le boulevard, eussent trouvé dans la largeur de la promenade une immense reculée et le point de vue convenable à leurs proportions; elles ne présentèrent plus qu'une masse colossale, vis-à-vis d'une place étroite et sans perspective. Ainsi s'expliquerait leur effet gigantesque et le rétrécissement du portique.

Je ne garantis pas l'anecdote. Je suis plus porté à croire que l'intérêt entra pour beaucoup dans cette mesure. On vit sans doute un profit considérable dans des maisons à locations ayant vue sur le boulevard, et on préféra une chose lucrative à une bonne chose. Autant une sage économie est d'accord avec les beaux-arts, autant l'esprit de spéculation leur est funeste. L'avarice conduit aux monumens mesquins comme aux actions viles; on ne peut jamais attendre d'elle rien de généreux ou de grand. Quant à l'excès des dimensions du portique, il peut aussi avoir eu pour cause le désir de cacher les combles du bâtiment. Il y a chez nous trop d'exemples de cette fausse honte; singulière et fâcheuse pruderie, très-opposée à la franchise des anciens. Pour eux, la couverture des temples, décorée avec goût, devenait une source de beautés d'autant plus charmantes, qu'elles dérivaient de la naïveté. Nous voyons reparaître la même intention dans l'architecture gothique; le toit des édifices s'y enrichit de mille détails intéressans.

Ce qu'il y a de certain, c'est que le portique, tout colossal qu'il était, ne procurait aucun refuge contre les intempéries de l'hiver; que le vent, s'engouffrant entre les colonnes, rendait l'action du froid plus sensible et faisait acheter le plaisir aux dépens de la santé; que la salle n'était vraiment accessible que par le beau temps; que les entrecolonnemens étroits gênaient beaucoup l'entrée et la sortie; que l'épaisseur des colonnes privait de jour et d'air, sans aucune compensation, les pièces situées derrière et particulièrement le foyer.

Quel parti les nouveaux architectes avaient-ils à prendre? Le meilleur eût été peut-être d'abattre le péristyle et de le remplacer par une disposition mieux appropriée. Ils n'ignoraient pas que le système des arcades est la véritable convenance d'un théâtre, et en effet, c'est l'ordonnance employée dans les théâtres anciens. Telle a donc dû être, j'oserais l'affirmer, la première pensée de MM. Lecointe et Hittorf. Mais si on a déjà tant critiqué une clôture en bronze, qui n'altère point les colonnes et ne leur fait d'autre tort que de les montrer, imaginez les clameurs qu'eût excitées leur démolition. On aurait crié à la barbarie, au vandalisme; on aurait lapidé les architectes. Cependant ces artistes ont sans doute été moins intimidés par de telles craintes, que retenus par leur respect pour un morceau qui marque une époque dans l'histoire de l'art, et qui, malgré ses imperfections, a été un des premiers pas faits dans une meilleure voie.

La position était délicate; le talent s'en est tiré avec honneur. Il ne faut pas perdre de vue que les colonnes se profilaient mal sur un mur trop peu éloigné pour recevoir d'elles la projection d'ombres nécessaire. Insuffisant comme abri, le portique était par cela même privé de son clair-obscur et d'une partie de son effet; car il y a entre les moyens des arts et leur fin cette admirable harmonie, que le beau dérive toujours de l'utile. Aujourd'hui, le fond artificiel du bronze isole les colonnes, et par la fermeté du ton qu'il leur oppose, leur donne de la valeur. Quand les anciens avaient à clore un temple, ils appliquaient derrière le portique un treillage de ce métal sévère, qui fermait l'entre-colonnement du haut en bas. Plusieurs monumens nous ont conservé des traces de ce genre de clôture, notamment dans les temples monoptères (1), et la porte principale des édifices sacrés était le plus souvent de bronze, comme le Panthéon en offre un modèle. Voilà des exemples et des autorités pour ceux qui en veulent.

Ici la multiplication des étages, condition essentielle de nos théâtres, a plutôt favorisé ce résultat qu'elle ne l'a contrarié. Les divers ordres

(1) Voir dans Winkelman deux bas-reliefs, l'un de la *Villa-Medici*, l'autre de la *Villa-Negroni*.

de pilastres avec leurs entablemens enrichissent la primitive nudité du péristyle, et la façade, telle qu'elle est, indique au moins la destination du lieu, par l'aspect qu'elle offre d'un monument gai. Le public à pied peut attendre à couvert. Trois portes ménagées sur le côté permettent à un pareil nombre de voitures d'arriver ensemble et à l'abri. En rendant le portique utile, on a donné un motif à ce qui auparavant n'était qu'un hors-d'œuvre à prétention. Les avis peuvent être partagés sur son effet actuel; mais si l'on songe que les architectes avaient à résoudre le problême complexe de laisser les colonnes intactes, d'obtenir un abord clos, d'imprimer un caractère à l'édifice, et que, pour remplir toutes ces conditions, ils n'étaient réellement maîtres de rien, tout le monde conviendra qu'ils ne pouvaient faire mieux qu'ils n'ont fait. Ce parti pris par eux leur a ménagé de grands avantages, au rez-de-chaussée, dans l'intérêt du service, au premier étage, dans celui de la commodité et de l'agrément, par la double galerie qu'il leur a procurée d'un bout à l'autre de la façade. L'illumination resplendissant à travers les vitraux donne au tout ensemble un air de fête, et le mouvement de la galerie supérieure, où se promène une société brillante, annonce un rendez-vous de plaisir.

VESTIBULE.

C'était la seule partie du théâtre qui fût originairement d'une belle disposition, Mais jusqu'ici on n'avait guère pu en juger, à cause des nombreuses cloisons pratiquées pour garantir du froid, qui arrivait immédiatement dans cette pièce. Aujourd'hui que ces cloisons parasites ont disparu, le vestibule développe un bel *Atrium*, composé de seize colonnes doriques, dont douze sont engagées et quatre isolées au milieu, lesquelles soutiennent le plafond, nouvellement distribué en beaux compartimens de caissons. Quatre masques scéniques, tirés de monumens anciens (1), caractérisent la destination du lieu. Au fond du vestibule, des ouvertures garnies de grillages en permettent la vue aux corridors du parterre. A droite et à gauche, deux arcades de bonne proportion donnent accès aux grands escaliers. Au niveau des premières loges, on rencontre deux jolis vestibules carrés, qui remplacent les obscurs et étroits paliers d'autrefois. Ils conduisent, par trois portes différentes, au foyer, à la galerie qui donne sur la place, et aux corridors des premières. Des lampes de forme antique éclairent les trois vestibules, les escaliers et la galerie.

FOYER.

Dans nos mœurs et eu égard à l'économie de

(1) Ce sont les masques de la *Villa-Albani*.

nos théâtres clos, le foyer est un accessoire indispensable à toute salle de spectacle. Celui du théâtre Favart, dont l'ornement était lourd et triste, est devenu un véritable sanctuaire lyrique. Il présente un système d'arcades séparées par des colonnes d'ordre corinthien. Ces colonnes sont au nombre de quatorze. Huit sont disposées deux à deux dans le sens de la longueur, saillant en avant-corps et se faisant face par paires; les six autres, aussi en avant-corps, sont distribuées aux deux extrémités. En ornant la pièce, elles servent à supporter des trépieds d'or, de forme antique, et des vases étrusques d'un beau galbe. C'étaient les récompenses que la Grèce décernait aux vainqueurs dans les combats du génie.

Un attique composé de pilastres s'élève au-dessus de cet ordre. Il communique d'un côté avec le corridor des troisièmes loges, par des ouvertures pratiquées entre les pilastres et ornées de riches treillages; cette décoration se répète par imitation sur la face opposée, tandis que les deux autres côtés de l'attique offrent douze tableaux pareillement encadrés entre les pilastres. Exécutés sur fond vert uni et dans le style grec, ces tableaux représentent le Génie de la musique stationnant successivement dans les douze signes du zodiaque, la tête couronnée des fleurs du mois auquel chaque signe répond, et embellissant ainsi de son charme tout le cours de l'année. Ces signes, des touffes de fleurs de la saison, des instrumens de la musique ancienne, tels sont les attributs adaptés à la figure, dans des compartimens de bon goût. L'empire de la mélodie sur le temps, qu'elle fait si délicieusement passer, ne pouvait être exprimé par des emblêmes plus ingénieux et qui fussent plus dans l'esprit de l'antiquité. M. Gosse est l'auteur de ces peintures, productions très-remarquables dans le genre décoratif.

Au-dessous de l'attique, les cintres des arcades, également garnis de treillages, communiquent avec les corridors des secondes loges. Par là, pendant les entr'actes, la circulation du public devient encore une sorte de spectacle, dans les corridors, pour le foyer, dans le foyer, pour les corridors, et ce piquant échange de perspective n'est pas sans agrément pour le curieux.

Une frise d'arabesques coloriées sur fond blanc, où les portraits des poètes fameux et des chanteurs célèbres de l'antiquité s'enchâssent dans des rinceaux de feuillages et de fleurs, règne dans tout le pourtour. La variété des formes y rivalise avec la vivacité des couleurs. Le plafond est divisé en caissons de figure lozange, où des rosaces, également coloriées, se dessinent sur un fond blanc et or.

Blanc et or est le système général de la décoration; l'architecture est d'un fond jaune antique; tous les ornemens sont peints en couleur. Deux grandes glaces occupent les arcades latérales. Un lustre de cristal y réfléchit sa brillante lumière. En face de l'arcade du milieu s'élève la cheminée, dont le trumeau est une glace sans tain, qui s'arrondit aussi en archivolte; elle permet à l'œil de voir dans la galerie antérieure et de s'élancer par delà la barrière vitrée, depuis le foyer jusqu'à la place.

La hauteur de la pièce, qui traverse les trois étages de loges, une architecture sévère avec des détails gracieux, de l'élégance sans recherche, de la richesse sans clinquant, le style des peintures, le choix des emblêmes, tout se réunit pour donner au nouveau foyer le caractère antique. On dirait un intérieur d'Herculanum, si le luxe de notre époque, employé avec un art discret, n'en faisait le plus exquis des salons modernes.

La galerie sur laquelle il prend jour en est une heureuse dépendance. En procurant un surcroît de communications entre les deux parties de la salle, elle offre elle-même un promenoir agréable, et donne le moyen de faire extérieurement le tour du foyer. Aux deux extrémités, des compartimens en glace, rappelant le vitrage de la clôture, semblent étendre le champ de la galerie.

SALLE.

L'enceinte est circulaire; la plus simple des courbes est aussi la plus agréable à l'œil. La circonférence de la paroi intérieure est d'un diamètre un peu plus long que le petit axe de l'ellipse qu'elle remplace. Ainsi la nouvelle courbe déborde légèrement l'ancienne sur les côtés, tandis que vers le fond, elle laisse celle-ci l'excéder à son tour. L'intervalle compris entre les deux courbes est occupé par des loges grillées, d'une profondeur égale à la saillie de l'une sur l'autre. La direction de ces loges, perpendiculaire à la scène, en laisse la vue libre aux spectateurs nombreux qu'elles peuvent contenir.

La hauteur de la salle se divise en cinq étages ; un rez-de-chaussée occupé par des loges grillées ; trois étages de loges découvertes en retraite les unes par rapport aux autres, et surmontés d'un riche entablement ; au-dessus, un étage attique, aussi en retraite, où sont encore des loges. Le tout est couronné par un plafond composé de douze compartimens réguliers, qui divergent du centre à la circonférence. Le rez-de-chaussée est formé par une division de colonnes ioniques, motivées comme supports du balcon. Ces soutiens, avec une solidité réelle, devaient encore en avoir l'apparence. Derrière le balcon, au même étage, règne le cordon des premières loges, qui s'appuient sur le même soubassement. Les secondes et les troisièmes portent sur des consoles. Le système des loges découvertes est le plus favorable à nos théâtres ; c'est celui qui remplit le mieux le double objet de voir et d'être vu. L'ordonnance en colonnes a beaucoup de désavantages ; elle ne rend pas en beauté ce qu'elle fait perdre en utilité. Quant à la forme du *Colunbarium*, elle n'est pas dans nos mœurs et ne convient qu'à l'Italie.

Le devant du balcon est une espèce de stylobate, divisé en neuf espaces égaux. Des motifs de bas-reliefs y montrent, les neuf Muses instruisant les hommes dans les arts et les sciences. Les figures sont en blanc sur fond jaune étrusque; elles imitent le camée. Le bas des robes et des *peplum*, les diadêmes, les ceintures, tous les ornemens sont en or. Le balcon étant souvent occupé par des hommes, il convenait que la décoration y fût grave; elle devait offrir aussi des motifs de composition capables d'intéresser le parterre, qui n'a pas, pour se distraire dans les entr'actes, l'agrément que procure aux loges la société des femmes.

Reine de ce séjour, Euterpe avait droit au bas-relief du milieu. Chaque Muse, dans la composition où elle domine, est placée au centre, en action d'endoctriner. Les figures groupées autour d'elle ont l'attitude de l'attention et l'expression du recueillement. D'autres groupes, séparés de la masse principale par de petits autels, des colonnes, des termes ou des instrumens, s'exercent à pratiquer les leçons divines. Une pensée simple rendue simplement, des poses calmes, une disposition symétrique, un style emprunté d'intention aux vases grecs et aux peintures de Pompéïa, donnent à ces compositions le caractère antique, et ce qui complette cet effet, c'est que l'Amour, accompagnant les Muses, aide ces filles du ciel à civiliser la terre. L'artiste a eu l'ingénieuse idée de rappeler dans ses épisodes plusieurs chefs-d'œuvre de la peinture moderne. La Muse de l'histoire, celle de la poésie épique et celle de la poésie lyrique voient dans leur cortège quelques figures célèbres qui ont pris naissance au sein de notre école. Sous les auspices de Clio, le *Serment des Horaces*, par David, semble faire lire une page des annales romaines ; la *Didon*, de Guérin, qui a si heureusement reproduit la Didon de l'Énéide, est assise auprès de Calliope ; auprès de Polymnie, paraît la *Corinne* de Gérard, comme le type de l'inspiration et de l'enthousiasme (1).

Moins brillant que les rangs supérieurs, mais plus riche par les idées morales qui s'y rattachent et par le prix que la matière reçoit des arts ; cet ornement sévère est bien imaginé comme base de tout le système décoratif. Des piédestaux en saillie séparent les neuf espaces du balcon ; ils portent les attributs de chaque Muse en relief et en or ;

(1) La salle de l'Odéon présente un exemple du même genre dans le bas-relief continu peint sur le balcon. On y voit la Renommée conduisant vers Apollon tous les auteurs tragiques et comiques. Le sujet, très-habilement conçu par M. Provost, architecte de cette salle, a été parfaitement composé par M. David, jeune statuaire du plus grand talent. Comme pensée, comme exécution, c'est un morceau remarquable. Il est seulement fâcheux que les figures soient en or sur un fond blanc ; tout serait bien si les figures étaient en blanc sur un fond d'or. Une intention semblable avait donné lieu aux charmantes compositions de M. Fragonard, qui ornaient le balcon des Variétés. La représentation en bas-relief des principales scènes du répertoire, parodiées dans le style antique, était une plaisanterie de bon goût et une décoration qui convenait à ce théâtre en le caractérisant. Ce qui la remplace est beaucoup moins heureux.

des couronnes, aussi en or et en relief, surmontent ces attributs ; le nom de la Muse est inscrit au-bas du trophée.

De riches trépieds, accompagnés de griffons et de thyrses qui s'entre-croisent, partagent en dix-huit espaces le champ des secondes loges ; des candelabres enrichis d'enroulemens en forment vingt-sept au pourtour des troisièmes. Ainsi, le nombre des divisions suit une progression croissante, à mesure qu'on s'élève. Tous ces ornemens sont en relief et en or.

La décoration des secondes est une composition anacréontique. Entre les guirlandes suspendues aux thyrses, elle offre, dans dix-huit sujets peints sur fond blanc, le folâtre essaim des Amours, groupés deux à deux, voltigeant, se balançant au milieu des fleurs, et méditant de douces conquêtes. Pour être plus sûrs de vaincre, ils ont appelé à leur aide la musique, la danse et l'art séduisant de la scène ; c'est ce que font entendre leurs attributs. Mais qu'ont-ils besoin d'auxiliaires ? La beauté est au-dessus de leur tête ; elle semble devenir plus attrayante elle-même, entourée de cette ceinture d'Amours.

Aux troisièmes, de nouvelles guirlandes de fleurs sont attachées aux candelabres, et dans les vingt-sept motifs encadrés dans ces festons, ce sont tantôt des oiseaux de l'espèce chantante, choisis parmi ceux que la nature a peints des plus vives couleurs, tantôt des lyres d'une forme antique et d'une substance précieuse, emblêmes de la musique vocale et instrumentale.

L'attique est à jour; il se compose de pilastres, correspondans aux divisions du plafond, et de colonnes intermédiaires. Cette disposition enfoncée diminue à l'œil la hauteur apparente de la salle. Une illusion de ce genre était nécessaire pour lui conserver des proportions agréables, l'élévation primitive ayant été maintenue, malgré le rétrécissement de l'enceinte.

L'étage se continue au-dessus de l'avant-scène, et les trois travées qui en achèvent le contour, au lieu d'offrir l'imitation deux fois mensongère de loges grillées dans un lieu où il ne peut jamais y avoir de spectateurs, présentent sur leurs panneaux trois sujets mythologiques. Apollon chez Admète, enseignant la musique aux bergers de Thessalie, occupe le cadre du milieu. A gauche, c'est Mercure qui endort Argus au son de la flûte, pour lui ravir Io métamorphosée en génisse. A droite, Pan amoureux poursuit Syrinx; la nymphe effrayée se réfugie sur les bords du Ladon; là, changée en roseau, elle ne livre plus à son amant qu'une tige insensible; la flûte aux sept tuyaux, formée de cette tige, a répété les soupirs du dieu et charmé sa douleur.

Ces peintures sont exécutées en couleur, sur fond vert uni; le mur circulaire des loges est du même ton. Cette nuance tendre est avantageuse aux femmes; elle offre un fond doux aux parures;

elle fait glisser l'œil sans secousse sur toutes les parties de la salle, et ce passage est encore favorisé par le décroissement de la saillie des loges, dont la retraite en façon de gradin, plus sentie là que partout ailleurs, rappelle, autant que cela est possible chez nous, le motif du théâtre antique.

Chaque loge a sa porte, indiquée par une légère bordure et percée d'une ouverture ronde, à glace mobile, qu'entoure une couronne. Chaque rang de loges a son plafond orné de rosaces en relief, peintes et dorées. Le plafond général est une immense *véla* (1), qui se développe et s'appuie sur douze thyrses d'or. Le thyrse s'adapte bien à la décoration de la salle, comme attribut de Bacchus; ce dieu était l'inventeur des représentations théâtrales, et passait pour avoir institué les écoles de musique. Les nervures du plafond, en saillie réelle, sont une charpente visible et décorée.

Des douze compartimens de la véla, neuf se dirigent vers l'enceinte de la salle; les trois autres répondent à l'ouverture de l'avant-scène, ou plutôt, au prolongement de l'attique. Chaque compartiment présente sur fond blanc un petit temple d'architecture fantastique, surmonté d'un fronton capricieusement orné, avec un médaillon au milieu d'enroulemens arabesques; au-bas, règne un riche méandre qui entoure un autre médaillon. Le temple contient un personnage, dont le nom est inscrit sur

(1) Ce mot, dérivé du latin, désigne l'espèce de voile que les anciens étendaient sur leurs théâtres en plein air.

le médaillon supérieur, tandis que l'inférieur contient un animal symbolique, relatif à son histoire.

Quels sont ces personnages? Ce sont les dieux inventeurs de la musique; car les dieux seuls pouvaient imaginer les voluptés pures dont elle est la source, et qui semblent participer de l'essence immatérielle. Apollon, Mercure et Pan, occupent les trois compartimens de l'avant-scène, chacun vis-à-vis du tableau où il est représenté en action. Viennent ensuite les fils des dieux, qui, favorisés des célestes enseignemens, révélèrent aux mortels les secrets de cet art, Philamon, Linus, Orphée, Térambus, Amphion, Terpandre, Arion, Eunomus. Le chantre Démodocus est le seul homme admis dans ce cortége divin; c'était assez pour indiquer la chaîne établie par les arts entre le ciel et la terre.

L'avant-scène est soutenue par quatre colonnes cannelées et dorées. Elle offre dans sa hauteur le même nombre de loges que le reste de la salle. Une draperie de velours cramoisi, enrichie de broderies d'or, en recouvre les appuis; un lambrequin d'étoffe pareille en orne le haut; une tenture de soie cramoisie en tapisse l'intérieur. Cette décoration plus sévère marque la place où d'augustes spectateurs se montrent de temps en temps à un public toujours avide, toujours heureux de contempler leurs traits : elle sépare la salle du théâtre; elle fait enfoncer la scène par un repoussoir motivé.

En avant du rideau, deux sofites triangulaires

représentent, sur un fond vert uni, le Génie de la musique subjuguant des monstres marins, symbole qui exprime vivement et à la manière des anciens, toute la puissance de l'harmonie.

Le rideau est une fort-belle chose. Sous un lambrequin peint en or sur fond blanc, une large étoffe verte se déploie, avec quelques légers plis. Elles est divisée en trois parties par des tuyaux, dont les montans en or présentent sur des médaillons d'un rouge vif les douze grands dieux de l'Olympe. Le compartiment du milieu est occupé par le Génie de la France; son égide est l'écu des lys. De cette égide il protège et il récompense du laurier les talens de l'art scénique. Ces talens sont figurés par deux Génies, placés dans les deux autres compartimens, et qui tiennent en main, l'un, les attributs de Thalie et de Melpomène, l'autre, ceux d'Euterpe et de Terpsichore. Des torsades, des feuilles, des perles, une large grecque avec des médaillons, une riche frange, une élégante dentelle, composent la bordure. Les ornemens sont en or sur fond blanc; les médaillons se détachent sur un fond rouge. Le médaillon du milieu offre un vaisseau antique, emblème de la ville de Paris; dans les quatre autres sont figurées, aussi emblématiquement, les quatre principales villes d'Italie, Rome par une louve, Venise par un lion ailé, Florence par un lion sans ailes, Naples par un cheval marin.

Les figures du rideau, celles du plafond et les

bas-reliefs en grisaille des premières loges, sont l'ouvrage de M. Gosse, dont le talent flexible est aussi fécond que son pinceau est rapide et infatigable. M. Adam a peint avec toute la grâce du sujet les jolis Amours des secondes loges et des sofites. Les tableaux de l'avant-scène sont dus à M. Wafflard. Ces grands travaux de décoration ont tous été dirigés par MM. Lecointe et Hittorf, tous exécutés d'après leurs dessins ou sur les motifs donnés par eux, comme tous les travaux de restauration l'ont été sur leurs plans. Aussi la même intention se fait reconnaître partout; du vestibule au foyer, du foyer à la salle, et dans la salle, depuis la moindre moulure jusqu'à la composition la plus importante, c'est la progression et le développement d'une même pensée.

Le lustre, également confectionné sur leurs dessins, est d'un beau galbe et d'une courbe heureuse; ses ornemens sont riches et de bon goût; l'éclat de ses lampes, voilé par des globes de cristal dépoli, ne fatigue point la vue; c'est une couronne de perles douce à l'œil. Une élégante recherche a présidé à tout. Il n'y a pas jusqu'à la place du souffleur qui n'ait reçu sa décoration; elle est recouverte d'une conque, la plus avantageuse des formes naturelles pour rassembler les rayons sonores et pour les réfléchir vers l'acteur.

Toutes les parties de la décoration qui sont solides et en saillie, ont été sculptées; on a pensé avec raison que la réalité du relief devait produire plus d'effet que son imitation. En général, cette décoration ne déguise et ne dissimule rien de ce qui doit paraître; l'ornement, en rapport avec les besoins, n'y est que l'embellissement d'une chose nécessaire ou utile. Telle est la naïveté en architecture; elle y porte son charme et sa grâce, comme dans tous les arts.

Par un luxe inusité, mais bien entendu, toutes les sculptures ont été dorées d'or fin. L'or faux, se noircissant promptement, anéantit l'effet d'une belle chose. Les rehauts en or sont obscurs partout où ils ne réfléchissent pas la lumière, de sorte que dans une salle où l'impression doit être la même pour tous, ce qui offre aux uns le brillant de l'or ne présente aux autres qu'une peinture sombre et terne. Ici l'armature du plafond, les caissons des sofites, les modillons de la corniche, les consoles des loges, les plinthes, les moulures, tous les encadremens sont dorés d'or fin. Ce n'est pas tout : sur la plupart des parties architecturales, la couleur s'est associée à l'or. On sait que les anciens étaient dans l'usage de peindre leur architecture; ils en relevaient les ornemens, même à l'extérieur, par les couleurs les plus éclatantes; c'est un goût naturel et dont on trouve la trace chez tous les peuples. Mais ce genre de décoration est difficile à mettre en œuvre; il ne faut pas que des détails plus ressentis nuisent à l'effet général, et que le morcellement ou la bigarrure, par un papillotage mesquin, vienne détruire l'ensemble.

La nouvelle salle du théâtre italien me paraît être un exemple heureux de cette application, renouvelée de l'antiquité. Dans les peintures coloriées comme dans l'architecture peinte, quoique les tons locaux diffèrent entre eux, les nuances s'assortissent, de sorte que la symétrie de l'ensemble n'est point altérée. Les formes elles-mêmes, toujours semblables dans leurs masses, sont diversifiées à l'infini dans leurs divisions; c'est un même motif continuellement modifié, sans être jamais perdu de vue; il n'y a pas deux Amours dans le même mouvement ni dans la même pose, pas deux compartimens identiques, pas deux répétitions qui soient pareilles; partout la variété se trouve dans l'unité. C'est ainsi que l'art doit imiter la nature, toujours diverse et toujours la même.

Partout aussi la commodité s'unit à l'agrément. On est assis à l'aise dans toutes les places; les banquettes du parterre sont, comme les stalles de l'orchestre, garnies de dossiers. Tout a été calculé de telle manière que, de tous les points, l'on voit et l'on entend sans peine. Pas d'obstacle qui arrête la voix, pas d'écho qui la répercute; les musiciens et les chanteurs doivent se trouver à l'aise dans la nouvelle salle, si même ils n'y rencontrent pas des inspirations. L'enceinte est sonore sans être étourdissante, comme elle brille sans éblouir. A la première vue, j'avais craint qu'il n'y eût un peu de surcharge et que l'or n'y fût prodigué;

mais après avoir mieux étudié l'effet général, je me suis convaincu que tout avait sa raison ; l'or en relief, sans rien écraser, m'a paru animer la décoration par mille accidens de lumière et par une sorte de vie. Toute disposition neuve a besoin d'être étudiée à diverses reprises et revue plusieurs fois.

Je n'insisterai pas sur beaucoup d'autres mérites. L'illusion de la scène, favorisée par un théâtre large et profond, qui permet de déployer une grande pompe de spectacle ; la multiplicité des communications et des dégagemens ; des vitrages nombreux et des cloisons à jour, qui, par une sorte de féerie, semblent rendre les murs diaphanes et laissent voir tout le public épars, comme les loges découvertes le montrent rassemblé ; l'avantage d'avoir en dehors du vestibule un lieu clos où les gens de service soient réunis ; le voisinage d'un boulevard spacieux pour le stationnement des voitures ; tout cela sera bientôt apprécié par tout le monde. Mais il est un point d'hygiène trop intéressant pour que je ne me fasse pas un devoir de l'indiquer : c'est un système de ventilateurs, aussi simple qu'ingénieux, pour entretenir la salubrité de l'air. Au pourtour du plafond des loges est une suite d'orifices ornés, semblables à des bouches de chaleur ; ce sont des bouches de fraîcheur. Elles répondent aux intervalles des solives, par où elles communiquent avec les corridors. Des clefs permettent d'en régler l'action. Comme l'air intérieur, raréfié par le lustre, monte sans cesse et s'échappe par le centre du plafond, il est à l'instant remplacé par l'air extérieur, qui s'introduit par ces orifices. Ainsi, le principe de la respiration et de la vie se renouvelle sans cesse par une circulation qui ne s'interrompt jamais; et quoiqu'aux représentations où j'ai assisté, la salle fût comble, il y avait parfait équilibre entre sa température et celle des corridors, doucement chauffés par des calorifères. Cette application nouvelle d'un procédé déjà mis en usage dans plusieurs de nos théâtres, mais incomplètement, est due au zèle et à l'expérience de MM. Darcet et Bérard, membres du conseil de salubrité. MM. Lecointe et Hittorf se sont chargés d'en faire un ornement.

L'exemple de la nouvelle salle démontrerait, s'il en était besoin, que l'emploi de la peinture et de la sculpture, comme moyens de décoration, ne peut jamais être mieux fait que par l'architecte. Celui-ci ayant tout combiné dans sa pensée, depuis la masse brute de l'édifice jusqu'au détail le plus délicat, lui seul peut déterminer la place, le caractère et la proportion des ornemens peints ou sculptés. C'est donc à l'architecture à diriger les deux autres arts. Le peintre ou le statuaire est trop entraîné par son génie; il n'a point appris à en restreindre l'essor, à le subordonner à une foule de considérations en apparence minutieuses, à le plier au joug de mille convenances. L'architecte au contraire s'accoutume de bonne heure à marcher avec ces entraves, et le disciple de Vitruve qui ne saurait pas maîtriser son imagination, serait un mauvais architecte. Si plusieurs peintres célèbres, entre-autres Michel-Ange et Raphaël, ont décoré avec succès de grands édifices, c'est qu'ils étaient initiés dans l'art; et, à tout prendre, s'ils ont étendu et fortifié leur talent par cette étude, leur gloire n'aurait peut-être rien perdu à ce qu'ils n'eussent pas fait d'architecture.

Non seulement la salle actuelle est une leçon utile dans la manière d'imiter les anciens; elle montre encore combien l'antiquité offre de ressources. Ici tout est composé d'élémens puisés, quant aux intentions et aux motifs, dans les monumens grecs, surtout dans les beaux restes d'Herculanum et de Pompéïa. Cependant le résultat est neuf, original, et d'un excellent goût. Ainsi, quelles que soient les exigences de la mode, on peut toujours y satisfaire sans se laisser aller au dévergondage moderne. Le romantisme envahit les arts aussi bien que les lettres; le préservatif ou le remède est dans l'antiquité. La Grèce, qu'on dit usée, laisse encore bien des moissons à recueillir; elle ne s'usera pas plus que la nature.

Cette restauration est un nouveau titre d'honneur pour l'école de M. Percier. C'est en moins de six mois que MM. Hittorf et Lecointe en ont exécuté les travaux. Esclaves du temps et du local, s'ils ont pu faire d'une chose mauvaise une très-bonne chose, que ne devrait-on pas attendre d'eux, affranchis de cette double dépendance? Plus heureux que leurs devanciers, ils ont été puissamment secondés par l'autorité supérieure, qui a bien vu et fortement voulu, sans gêner la liberté dont le talent a besoin.

La confiance du gouvernement était bien placée, et elle n'a point été trompée; les architectes avaient fait leurs preuves, et M. le vicomte de Larochefoucault, en élevant par leurs mains un sanctuaire à la muse de l'Ausonie, a enrichi d'un véritable monument la capitale de la France.

www.ingramcontent.com/pod-product-compliance
Lightning Source LLC
Chambersburg PA
CBHW070442080426
42451CB00025B/1249